AF232492

LES

NOUVEAUX PROJETS DI

SUR

L'INSTRUCTION PUBLIQUE

PAR

Charles JOURDAIN

Membre de l'Institut

———

Extrait du SUPPLÉMENT MENSUEL DU CONTEM

Du 15 Février 1882

———

PARIS

IMPRIMERIE F. LEVÉ

17, RUE CASSETTE, 17

LES

NOUVEAUX PROJETS DE LOIS

SUR L'INSTRUCTION PUBLIQUE

———————

I

PROJET DE M. PAUL BERT SUR L'ENSEIGNEMENT SECONDAIRE.

Si nous n'étions pas aussi dévoué que nous le sommes à la cause de la liberté religieuse, si nous n'avions pas une foi inébranlable dans la puissance de la raison et dans la justice de Dieu qui venge tôt ou tard la vérité méconnue et le bon droit opprimé, nous ne prendrions pas en ce moment la plume pour protester contre d'indignes projets ; nous céderions au découragement que doit inspirer à beaucoup de bons citoyens, amis de leur pays, la misérable situation où il s'enfonce de jour en jour plus profondément. Chaque année qui s'écoule marque un nouveau pas vers l'abîme. Les administrations qui se succèdent rivalisent d'iniques efforts pour précipiter la chute, en faisant peser sur les consciences un joug plus dur. Après avoir inauguré l'ère de la persécution, d'une persécution tour à tour brutale et captieuse, tantôt procédant par la violence, tantôt fraudant la loi et mettant le droit à néant par de perfides interprétations, M. Ferry osait se dire modéré ; il estimait qu'on pouvait faire beaucoup plus de mal à la société qu'il n'en avait fait lui-même ; et pour le confirmer dans la bonne opinion qu'il avait de sa politique, voilà qu'il trouve en M. Paul Bert un successeur qui ne pouvait le faire regretter, car jamais son administration ne sera l'objet d'un regret, mais qui devait le surpasser en aveuglement et en violence. Deux mois à peine écoulés, M. Paul Bert, dont le nom seul était un défi à la foi catholique, tombe sous le poids des fautes du ministère que sa présence avait suffi à compromettre. M. Jules Ferry remonte au pouvoir. Sera-t-il tristement fidèle à son passé? Nous devons le craindre. Revient-il avec des idées plus sages, plus équitables, plus pratiques? Nous voudrions pouvoir l'espérer. La situation est provisoirement très grave, malgré les déclarations du nouveau Président du conseil des ministres. « Une pensée essentielle nous dominera, disait le 31 janvier dernier M. de Freycinet : faire régner la paix dans le pays, la paix dans les esprits aussi bien que dans l'ordre matériel. » Puissent les promesses contenues dans cette parole conciliante n'être pas démenties par la suite! Mais, quelque néfaste que devienne le cours des évènements, quelques menaces que renferme pour nous le nom de beaucoup de ceux que nous sommes peut-être destinés à avoir encore pour maîtres, il ne nous est pas permis de déserter notre poste de combat. Nous pouvons nous résigner, nous n'avons pas le droit de nous taire. Un vieux proverbe nous dit: Aide-toi, le Ciel t'aidera. Aidons-nous donc nous-mêmes. Ne cessons pas de protester contre l'erreur et l'iniquité triomphantes ; démasquons les desseins de ces apôtres ou dissimulés ou fougueux de l'athéisme, qui ne tendent qu'à étouffer dans le cœur de la nation les dernières semences chrétiennes que les préjugés révolutionnaires ont épargnées; signalons leurs contradictions, leurs sophismes, les dangers qu'ils font courir à la société. Si notre voix n'est pas assez puissante pour extirper le mal, elle en fera du moins connaître la gravité aux âmes honnêtes, et en les éclairant elle les éveillera, elle les empêchera de s'endormir dans une muette et lâche quiétude.

Il y a un an bientôt, nous discutions à cette place même le projet de loi sur l'enseignement libre que M. Jules Ferry avait présenté à la Chambre des députés dans la séance du 11 décembre 1880. Examinant un à un les articles de ce projet, nous nous efforcions de montrer qu'il enlevait à la liberté d'enseignement les dernières garanties qu'avait laissé subsister la nouvelle organisation des conseils de l'instruction publique, et qu'il ne tendait à rien moins qu'à faire revivre, pour l'ouverture des écoles, le régime de l'autorisation préalable, aggravé des menaces d'une législation draconienne.

Le projet de M. Jules Ferry ne parut pas suffisant à son successeur. M. Paul Bert jugea qu'il imposait aux familles et aux mattres des obligations trop faciles à remplir, et que les parents et le clergé catholique surtout méritaient d'être enchaînés par des liens plus étroits et plus lourds. Aussi, à peine arrivé au pouvoir, s'empressa-t-il de saisir la Chambre d'une proposition nouvelle, qui nous ramène bien au-delà de 1850, et que les défenseurs les plus intraitables des prérogatives de l'État n'auraient point osé produire à l'époque où les passions étaient le plus vivement soulevées par la lutte entre l'Église et l'Université.

Le titre seul de cette proposition permet d'en deviner l'esprit: «Projet de loi sur l'enseignement secondaire privé.» Pourquoi *privé*, et non pas *libre*? Est-ce que ces mots *enseignement privé* ont une valeur juridique? Je me reporte à la loi de 1850; je vois qu'en son article 17 elle reconnaît deux sortes d'écoles : « 1° les écoles fondées ou entretenues par les communes, les départements ou l'État, et qui prennent le nom d'écoles *publiques*; 2° les écoles fondées et entretenues par des particuliers ou des associations, et qui prennent le nom d'écoles *libres*.» Que cette dénomination d'écoles *libres* date seulement de la loi de 1850 à laquelle nous devons la liberté d'enseignement; qu'elle ne se trouve pas dans les documents officiels antérieurs à cette loi, nul ne saurait s'en étonner. Les mots suivent les idées dont ils sont l'expression. Quand il n'existe pas dans un pays d'établissements libres, la loi n'a pas à les qualifier; mais quand il en existe un grand nombre, comment leur refuser l'épithète qui les caractérise? Assurément ce sont des établissements privés ou particuliers, comme on voudra les appeler : car ils sont la propriété de personnes privées qui les ont fondées et qui les entretiennent et les administrent en leur propre et privé nom. Mais un établissement particulier peut n'être pas libre; il peut exister, comme les institutions et les pensions, sous l'empire du décret du 17 mars 1808, en vertu d'une autorisation préalable, à des conditions incompatibles avec la liberté. Pourquoi M. Paul Bert, s'écartant du langage juridique, a-t-il préféré la dénomination d'établissements *privés* à celle d'établissements *libres*? Je n'en vois qu'une seule bonne raison: il ne veut pas de la liberté ; il en repousse jusqu'au nom. Sous ce rapport, il se montre moins libéral que M. Jules Ferry, qui certes ne l'était qu'à un bien faible degré, si toutefois on peut dire qu'il le fût.

Mais n'insistons pas sur une simple question de mots ; allons au fond des choses.

Au début de l'exposé des motifs qui accompagne son projet, M. Paul Bert déclare que les établissements privés ont depuis longtemps pris une trop grande extension « pour ne pas éveiller l'attention du gouvernement et ne pas provoquer de sa part des mesures de garantie ». Il constate en effet que ces établissements donnent l'instruction à 79,000 élèves, contre 75,000 que reçoivent les lycées et les collèges communaux. Il ajoute que la jeunesse qui compose leur clientèle est élevée « dans l'ombre »; que l'éducation qu'elle reçoit « se donne à huis clos et échappe à tout contrôle, » et que « la vraie pensée ne s'en manifeste que lorsqu'il est trop tard pour y remédier ». La conclusion de M. Paul Bert, c'est « qu'en aucune circonstance un gouvernement soucieux de l'avenir de la France ne saurait rester indifférent devant une pareille situation, » et que d'ailleurs « l'opinion publique ne comprendrait pas plus longtemps un état de choses dont elle s'est émue à diverses reprises ».

Nous avons à présenter plus d'une observation sur tous ces points.

Que les établissements particuliers à l'heure où nous sommes compte 79,000 élèves et les établissements publics 75,000, nous ne saurions voir dans ce simple fait un sujet d'alarme pour la société française ; il est la conséquence naturelle et bienfaisante d'une législation qui respecte les intentions des familles sans mettre en péril la sûreté de l'Etat, ni préjudicier à ses propres écoles. Parmi les parents, les uns préfèrent pour leurs enfants l'éducation des lycées et des collèges communaux ; les autres ont plus confiance dans d'autres établissements ; chacun suit sa voie : quoi de plus légitime ? quoi de plus conforme à la paix des consciences et aux intérêts moraux du pays? Voulez-vous, comme vous dites, « prendre des garanties, » c'est-à-dire, pour être sincère, entraver l'exercice d'une liberté salutaire ? Qu'arrivera-t-il ? Les familles seront contraintes d'opter entre ces trois partis : ou faire élever leurs enfants à la maison paternelle ; ou les envoyer étudier à l'étranger; ou, la douleur dans l'âme et contre le cri de leur conscience, les confier à une école publique, les livrer comme une proie aux chances périlleuses d'une éducation dont elles n'approuvent pas les programmes et dont elles redoutent l'influence. Est-ce par de telles atteintes portées à la plus précieuse des libertés, celle d'élever ses enfants dans la foi de leurs pères, qu'on gagnera des adhésions au gouverne-

ment républicain, que ce gouvernement se fortifiera et se con-
solidera ?

Mais, dit M. Paul Bert, nul ne sait ce qui se passe dans les
établissements particuliers, et voilà pourquoi il faut s'armer de
précautions contre eux. Hé quoi! dans les institutions libres
tout se passe-t-il donc à huis clos, en dehors de tout contrôle? Le
législateur de 1850 avait-il commis la faute envers le pays et
causé à ces institutions le tort grave de les soustraire à la
vigilance de l'autorité publique ? Il a voulu au contraire qu'elles
fussent inspectées; il a ordonné que l'inspection portât sur les
mœurs, l'hygiène, la salubrité, et qu'elle s'étendît à l'enseignement pour vérifier s'il n'était pas contraire à la morale, à la
constitution et aux lois. Un décret du 20 décembre 1850 a imposé
à tous les chefs d'établissement l'obligation d'inscrire sur un
registre spécial les noms, prénoms, date et lieu de naissance des
maîtres qu'il emploie, et de communiquer ce registre à toute
réquisition des autorités préposées à la surveillance. L'administration supérieure avait donc, en ce qui concerne les écoles libres,
tous les moyens d'information désirables ; en a-t-elle usé?
Assurément. Ce qui le prouve, ce sont les statistiques officielles
publiées en 1854, en 1868, en 1876, et dans lesquelles ont
toujours figuré les établissements particuliers. On y voit le
nombre de leurs professeurs et répétiteurs, celui de leurs élèves,
l'étendue de l'enseignement qu'ils donnent, s'ils sont laïques ou
ecclésiastiques, et, dans ce dernier cas, s'ils sont dirigés par des
prêtres séculiers ou par une communauté. Indépendamment
des renseignements contenus dans les statistiques, l'administration
en a d'autres qui proviennent des inspections faites par les
recteurs, les inspecteurs d'académie, les inspecteurs généraux.
Ce sont ces informations fidèlement recueillies qui permettaient
à M. Waddington de dire à la Chambre de députés, lorsqu'il était
ministre de l'instruction publique : « Pour l'enseignement secondaire, vous avez des établissements florissants, en pleine posses-
sion de la confiance des familles; car l'enseignement qu'ils dis-
tribuent est élevé, et, au point de vue de la direction morale et
de l'organisation intérieure, ils peuvent être enviés par certains
lycées de l'Etat (1). » Comment croire que sous l'administration
de M. Jules Ferry, la nuit ait succédé à la lumière qui éclairait

(1) Séance du 1 juin 1876, *Journal Officiel*, p. 3939, col. 2

jusque-là, non sans honneur pour la liberté, la situation des établissements libres? Peut-être M. Paul Bert aura-t-il oublié, tant les souvenirs s'effacent avec rapidité, sous le flot des évènements que chaque jour amène, peut-être aura-t-il oublié que son prédécesseur avait chargé les inspecteurs généraux de l'Université de faire une enquête dans quelques maisons de la Compagnie de Jésus. Cette enquête devait porter sur les points suivants : «Quels sont les principes et le caractère de l'éducation? L'enseignement est-il irréprocable au point de vue de la morale, de la constitution et des lois? Est-il, même indirectement, inspiré par l'esprit de parti (1)? » Tous les juges impartiaux tomberont d'accord que cette enquête a trompé l'attente de celui qui l'avait ordonnée dans une pensée hostile au clergé, et notamment à la Compagnie de Jésus. Mais là n'est pas, pour nous, la question. Ce que nous tenons à constater pour le moment, c'est que, dans l'état actuel de la législation, l'autorité a le moyen de savoir ce qui se passe dans les institutions libres ; quand elle l'ignore, c'est qu'elle veut bien l'ignorer ; par conséquent il n'est ni conforme à la vérité de dire que tout dans ces institutions se passe à huis clos, ni conforme à la justice de s'armer de ce grief imaginaire pour soumettre l'exercice de la liberté à des conditions exorbitantes qui l'annulent et la détruisent.

M. Paul Bert se justifie en alléguant la voix de l'opinion publique, émue, selon lui, des dangers que fait courir au pays la situation de l'enseignement libre. Nous avons nié pour notre part le danger, et nous nions également l'émotion qui en serait l'effet. Où M. Paul Bert a-t-il vu que l'opinion publique fût émue ? Dans quelles circonstances a-t-elle manifesté cette prétendue émotion ? Est-ce par une seule délibération des conseils généraux ? Est-ce dans les dernières élections législatives ? Faut-il regarder comme l'expression du sentiment public le projet présenté par M. Jules Ferry en 1880, ou celui de M. Marcou sur le rétablissement du certificat d'études? Ce sont là de bien pauvres manifestations des alarmes et des vœux de la population. Elles ont pu attirer l'attention de quelques esprits mêlés par position, par devoir ou par goût, à la question de l'enseignement, comme nous y sommes mêlés nous-mêmes ; mais elles ne trouvent aucun écho dans le pays, ou du moins elles n'ont qu'un reten-

(1) Questionnaire cité par M. Keller, séance de la Chambre des députés du 5 juillet 1879. *Journal Officiel*, p. 6207, col. 2.

tissement douloureux. Ce n'est pas ainsi que les choses se passaient il y a quarante ans, lorsque de tous les coins de la France des protestations s'élevaient en faveur de la liberté. Il y eut alors un rapide courant de sentiments et d'idées que d'année en année la résistance du gouvernement de Juillet rendit plus fort, et qui tôt ou tard devait renverser les barrières opposées à sa marche. Nul courant pareil n'existe aujourd'hui dans le sens des idées qui sont chères à M. Paul Bert. Quand il entreprend de revenir sur l'œuvre d'affranchissement accomplie par nos pères, il n'y est pas poussé par le vœu général ; il ne s'inspire ni des besoins du pays, ni même des véritables intérêts du gouvernement républicain ; il n'est l'écho que de ses préjugés personnels, satisfait d'ailleurs de l'approbation de quelques sectaires, chez lesquels s'allie aux audaces les plus téméraires de ce qu'ils appellent la libre pensée, l'absolue ignorance de la vraie et sainte liberté.

Après avoir montré l'inanité des prétextes généraux qui sont invoqués par M. Paul Bert, il nous faut examiner le fond de sa proposition.

Quand on la compare au projet de M. Jules Ferry, on voit qu'elle s'améliore en très peu de points, qu'elle l'aggrave sur plusieurs autres.

Un point où elle l'améliore, c'est l'article , qui n'assujettit les maîtres employés à la surveillance dans les écoles libres qu'à la production du brevet simple de capacité pour l'instruction primaire, tandis que M. Ferry avait eu la pensée d'exiger le degré supérieur, à défaut du diplôme de bachelier, ou du certificat d'aptitude à l'enseignement spécial. Faible atténuation d'un projet dont les perfides rigueurs avaient été calculées de manière à rendre singulièrement difficile l'ouverture des écoles libres, et qui sous sa forme nouvelle la rendra le plus souvent impossible, et entraînerait, s'il n'était modifié profondément, la suppression des petits séminaires. Que NN. SS, les évêques ne s'y trompent pas : c'est d'une manière générale la liberté d'enseigner, c'est en particulier le recrutement du sacerdoce que le projet de M. Paul Bert met en péril.

Le certificat de stage que la loi de 1850 exigeait de quiconque aspirait à la direction d'un établissement particulier d'instruction secondaire s'était trouvé remplacé dans la proposition de

M. Jules Ferry par un certificat d'aptitude que devait délivrer un jury spécial. Cette disposition reparaît, comme on pouvait s'y attendre, dans le projet de M. Paul Bert; mais comment ne pas être confondu de la manière dont elle est expliquée dans l'exposé de motifs ? « Le certificat d'aptitude pédagogique, y est-il dit, est emprunté à la loi de 1850. » Quoi ! la législation de 1850 avait établi le certificat d'aptitude pédagogique ! Nul ne s'en doutait, ni ceux qui ont pris part à l'élaboration de cette loi, ni ceux qui ont eu à l'appliquer durant un quart de siècle. Écoutons le rapporteur de la loi, M. Beugnot : « Les aspirants pourront avoir dépassé l'âge où l'on se présente sans embarras aux épreuves du baccalauréat, ou craindre de rencontrer dans les facultés quelques vieux restes de préventions hostiles à la concurrence ; nous les autorisons à suppléer le diplôme de bachelier par un brevet de capacité délivré par un jury spécial d'examen absolument étranger à l'enseignement public (1). » Et une instruction ministérielle du 3 août 1850 portait que « le programme de l'examen n'ayant pu être arrêté par le Conseil supérieur dans sa première session, les candidats seraient examinés sur les matières qui formaient l'objet de l'examen du baccalauréat ès lettres ». Qu'y a-t-il de commun entre le brevet de capacité de la loi du 18 mars 1850 et le certificat d'aptitude des projets de MM. Jules Ferry et Paul Bert ? Est-il permis de travestir la vérité historique avec la légèreté, nous pourrions et nous ne voulons pas dire plus, dont a fait preuve le rédacteur de l'exposé de motifs que nous avons sous les yeux ? Quant à la mesure en elle-même, nous l'avons déjà jugée, il y a un an, et nous ne pouvons que répéter ce que nous disions alors.

Que sera-ce que l'examen qui conduira au brevet d'aptitude ? Ce ne pourra être qu'un examen de pédagogie, c'est-à-dire un examen sur la science qui mérite le moins le nom de science, une science dont le domaine n'est pas circonscrit et dans laquelle on peut tout faire entrer, depuis les méthodes élémentaires pour apprendre aux enfants à lire et à écrire, jusqu'aux plus hautes vérités morales, en passant par l'histoire, la littérature et les mathématiques ; une science sur laquelle les opinions diffèrent profondément, car les amis de M. Jules Ferry et de M. Paul Bert,

(1) Rapport fait au nom de la Commission chargée d'examiner le projet de loi sur l'instruction publique. Séance de l'Assemblée nationale du 6 octobre 1849, page 90 de l'édition in-4°.

qui pour la plupart ne croient pas en Dieu, n'attacheront certainement que la plus médiocre importance à l'enseignement religieux qui, au sentiment du chrétien, est le plus essentiel de tous. Prenons un autre exemple : tous ceux qui siégeront dans les jurys d'examen seront-ils d'accord sur l'excellence des études classiques, et ne s'en trouvera-t-il pas parmi eux qui dédaignent ces nobles études, qui méconnaissent leur incomparable efficacité pour former l'esprit et le cœur de l'homme, et qui mettent bien au-dessus du culte des lettres l'apprentissage des mathématiques appliquées et des sciences naturelles ? Encore ne parlons-nous pas de l'histoire de l'éducation, ni des systèmes des philosophes anciens et modernes qui ont entrepris d'enseigner à un père et à une mère l'art d'élever leurs enfants : sujet aussi vaste et aussi délicat que pratiquement inutile, sur lequel un examinateur, curieux des choses du passé, se permettra plus d'une fois d'interroger les candidats, la question ne fît-elle pas partie du programme officiel. La matière de l'examen, immense en elle-même, a surtout l'inconvénient de n'être pas définie ; elle prête singulièrement à l'arbitraire, et des épreuves bien conduites par un recteur docile permettront d'éliminer sans rémission, sous prétexte d'ignorance ou d'inexpérience, les candidats déplaisants. Sous le régime actuel, lorsque les lois sont si souvent tournées ou violées, quelle arme la disposition proposée ne mettra-t-elle pas entre les mains d'un ministre contre les petits esprits qui auraient, à droite ou à gauche, le malheur de ne pas admirer sa politique ni ses discours ?

Vainement on viendra nous dire que les membres de la commission d'examen seront d'honnêtes gens qui prononceront suivant leur conscience. Nous répondons qu'ils auront été investis par le ministre, à quelles conditions nous le dirons plus loin, et cela seul suffit pour les rendre suspects. Le ministre, nous l'accordons, les voudra intègres, mais il les voudra surtout dévoués et soumis, et il les choisira en conséquence. On a vu jusqu'à nos jours, en plus d'une occurrence, de très honnêtes gens tenir une conduite et rendre des jugements très peu honnêtes, par le triste effet d'une condescendance poussée jusqu'à la servilité envers le pouvoir. Les leçons de l'expérience nous ont appris à nous défier des tribunaux, dont la composition est réglée par le bon plaisir d'un ministre.

Le certificat d'aptitude pédagogique est une invention de

M. Ferry ; voici maintenant une disposition qui appartient en propre à M. Paul Bert et qui forme l'article 2 de son projet :

« Art. 2. Nul ne peut être employé comme professeur dans « un établissement d'enseignement secondaire privé si, indépen- « damment des conditions exigées par l'art. 65 de la loi du « 15 mars 1850, il ne produit un des titres suivants :

« 1° Pour des classes de rhétorique, d'histoire et de philoso- « phie, un des diplômes de la licence ès lettres ;

« 2° Pour les cours de mathématiques élémentaires et spé- « ciales, le diplôme de licencié ès sciences mathématiques, le titre « d'ancien élève de l'Ecole polytechnique ou d'ingénieur diplômé « de l'Ecole centrale ;

« 3° Pour les cours de physique correspondant aux classes de « rhétorique et de philosophie, le diplôme de licencié ès sciences « physiques, le titre d'ancien élève de l'Ecole polytechnique ou « d'ingénieur diplômé de l'Ecole centrale.

« 4° Pour les cours de sciences naturelles correspondant aux « classes de rhétorique et de philosophie, le diplôme de licencié « ès sciences naturelles, de docteur en médecine ou le brevet de « pharmacien de 1re classe ;

« 5° Pour les autres classes, depuis et compris la sixième jusqu'à « la seconde inclusivement, l'un des titres ci-dessus énoncés, le « diplôme de bachelier ès lettres ou ès sciences, le brevet de « capacité de l'enseignement secondaire spécial, suivant la nature «] de l'enseignement ;

« 6° Pour les classes élémentaires, l'un des titres ci-dessus « énoncés ou le brevet complet de capacité pour l'enseignement « primaire. »

Quand M. Paul Bert se plaît à invoquer les conditions impo- sées à tout professeur par la loi de 1850, comme si elles étaient empreintes d'une méfiance contre les institutions libres, égale à celle qu'il éprouve lui-même, il nous sera permis de rappeler que ces conditions se bornent tout simplement à exclure des fonctions de l'enseignement les individus qui ont subi une con- damnation pour un crime ou pour un délit contraire à la probité ou aux mœurs, les individus privés par jugement de tout ou partie des droits civils et les maîtres frappés d'interdiction par les conseils de l'instruction publique. Ce sont là les seules incapa- cités admises par la loi de 1850 : quiconque n'en est pas atteint est libre d'enseigner où il veut et ce qu'il veut; mais que dire des règles nouvelles édictées par M. Paul Bert?

A plusieurs reprises nous avons eu à étudier les projets de loi qui ont été soumis aux assemblées législatives depuis un demi-siècle ; nous les avons tous en ce moment sous la main: il n'en est pas un qui apporte à l'exercice du droit d'enseigner des entraves aussi nombreuses, aussi compliquées que le projet de M. Paul Bert.

En 1836, d'après le projet de M. Guizot, les chefs d'établissement étaient tenus de produire, soit le diplôme de licencié ès lettres et de bachelier ès sciences, soit celui de licencié ès sciences; d'après la commission qui eut pour rapporteur M. Saint-Marc-Girardin, les deux baccalauréats. Aucun grade, aucun diplôme n'était exigé des maîtres préposés à l'enseignement.

En 1841, M. Villemain se contentait du baccalauréat ès lettres pour les maîtres de pension, des deux baccalauréats ou de la licence ès lettres pour les chefs d'institution. Il donna le premier l'exemple de se préoccuper des conditions à exiger des professeurs et même des surveillants. Aux uns et aux autres il imposa le baccalauréat ès lettres, et à ceux qui enseignaient les sciences le baccalauréat ès sciences mathématiques ou le baccalauréat ès sciences physiques, selon la chaire qu'ils occupaient.

En 1844, lorsque la querelle entre le Clergé et l'Université s'est aigrie, les exigences ministérielles croissent. Les conditions imposées aux chefs d'institution ne changent pas dans le nouveau projet présenté alors par M. Villemain ; mais pour qu'un établissement soit de plein exercice, comme on disait alors, c'est-à-dire pour qu'il puisse présenter ses élèves au baccalauréat, la rhétorique, la philosophie et les mathématiques doivent y être enseignées par deux maîtres au moins pourvus du diplôme de licencié ès lettres, et par un maître pourvu du diplôme de bachelier ès sciences mathématiques.

Ces dispositions furent approuvées par une commission de la Chambre des pairs, à laquelle le projet du gouvernement avait été présenté, et par la Chambre, elle-même sur le rapport de M. le duc de Broglie. Soumises peu de mois après à la Chambre des députés, discutées dans le sein d'une commission dont M. Thiers fut le rapporteur, elles ne subirent d'autre aggravation que la substitution du diplôme de licencié à celui de bachelier ès sciences mathématiques.

Tous les projets que nous venons de rappeler avaient échoué. En 1847 M. Salvandy en présenta un nouveau, destiné au même sort. Ce que nous devons en retenir, c'est qu'il demandait la licence ès lettres pour l'enseignement de la rhétorique et de la philosophie, la licence ès sciences mathématiques pour l'enseignement des mathématiques supérieures, et seulement le baccalauréat pour les autres branches des études scientifiques.

Voilà ce qui a été tenté de plus grave sous la monarchie de Juillet pour régler l'exercice du droit d'enseigner. Qui de nous peut ignorer les difficultés que tous ces projets, sauf celui de M. Guizot, ont rencontrées, quelles protestations ils ont soulevées, combien ils ont agité les esprits, révolté les consciences, répandu dans le pays les germes de la discorde? Et lorsque la lutte est apaisée, et que les heureux effets de la pacification se sont fait sentir, lorsque les établissements publics et particuliers, animés d'un sentiment loyal d'émulation, devraient pouvoir se livrer tranquillement, sous le regard de l'Etat, à l'éducation de la jeunesse, voilà que M. Paul Bert entreprend de remonter le courant libéral, et de ramener la société française au point où elle en était il y a quarante ans. Les formalités vexatoires avec lesquelles la loi de 1850 en avait fini, et devant quelques-unes desquelles M. Jules Ferry avait lui-même reculé, non seulement M. Bert les rétablit, mais il les aggrave.

Si l'on compare aux anciens projets celui dont la Chambre des députés a été saisie au mois de décembre dernier, on aperçoit à première vue combien il est plus oppressif. Avant 1850, au fort de la lutte, il n'était entré dans la pensée de personne que le gouvernement pût exiger la présence de plus de trois licenciés dans les établissements libres ; encore cette clause n'avait-elle figuré que dans un seul projet, celui de M. Thiers, qui ne fut pas discuté. M. Paul Bert veut un licencié pour la philosophie, un pour la rhétorique, un pour l'histoire, un pour les mathématiques élémentaires, un pour les mathématiques spéciales, un pour la physique, un pour l'histoire naturelle. Nulle branche ne saurait être enseignée par quiconque n'est pas licencié dans cette branche ; ce qui donne en tout sept licenciés par établissement. Vainement quelques équivalences sont admises en faveur des anciens élèves de l'Ecole polytechnique, des docteurs en médecine, de quelques autres privilégiés ; elles n'allègent pas sérieusement les charges énormes du dernier projet. Comment

M. Paul Bert a-t-il pu se persuader que les conditions qu'il posait étaient exécutables? Il appartient à l'Université, et c'est à la Sorbonne qu'il a commencé sa fortune. Son expérience personnelle aurait dû lui apprendre que les épreuves de la licence ès sciences sont d'une extrême difficulté, et d'autre part qu'il serait désastreux de ne pas maintenir très haut le niveau de l'examen ; car, en l'abaissant, on ferait fléchir du même coup le niveau des études et de l'éducation scientifique de notre jeunesse. La licence ès lettres n'est pas moins difficile à obtenir ; de sorte qu'en imposant de pareils grades aux etablissements libres comme condition de leur existence, on les empêche de naître, ou bien on les tue. Leur mort est d'autant plus certaine, elle sera d'autant plus rapide, que les grades exigés sont en plus grand nombre.

Nous inclinons à croire que M. Paul Bert n'aurait pas commis la faute de troubler les esprits par des dispositions aussi exorbitantes, s'il avait consulté plus attentivement la statistique de l'instruction secondaire publiée sous l'administration de M. Bardoux. Il y aurait vu en effet qu'en 1876, dans les collèges communaux, le diplôme de licencié ès sciences manquait à 98 professeurs de mathématiques élémentaires sur 193 ; à 1 professeur de mathématiques spéciales sur 3 ; à 59 professeurs de physique sur 124 ; que de même, étaient dépourvus du diplôme de licencié ès lettres, 18 professeurs de philosophie sur 59 ; 10 professeurs de rhétorique sur 65 ; 37 professeurs d'histoire sur 74. Les règlements universitaires exigeaient ces grades de ceux qui occupaient les chaires ; mais ils n'avaient pas pu les obtenir. On les tolérait cependant ; on les recherchait même, faute de sujets. La justice, l'équité, le bon sens permettent-ils d'imposer aux établissements privés des conditions que les écoles publiques ne remplissent pas et ne peuvent pas remplir?

Ce n'est pas au nom des maisons ecclésiastiques que nous élevons cette réclamation, c'est au nom de toutes les institutions, quelles qu'elles soient, qui sont nées de la liberté et qui vivent par elle. On se joue de leurs droits, on s'amuse en quelque sorte à leurs dépens, quand on leur impose des conditions telles que l'Etat lui-même a l'humiliation d'avouer dans ses statistiques, que, malgré les immenses moyens dont il dispose, il n'est pas encore parvenu, depuis tant d'années, à les remplir fidèlement.

Non seulement les conditions posées par M. Paul Bert sont

inexécutables, mais, qu'on veuille bien le remarquer, elles touchent à la liberté des méthodes, c'est-à-dire à ce qu'il y a d'essentiel et de plus inviolable dans la liberté d'enseignement. Elles supposent que les écoles privées seront organisées sur le modèle des écoles de l'Etat, que les classes y seront divisées de même, qu'on y suivra les mêmes programmes, que le plan d'études promulgué par M. Jules Ferry servira de règle à toutes les institutions de France. Nous sommes très portés à croire qu'en effet, dans la plupart des maisons d'éducation, on ne s'écartera pas sensiblemnent de la marche adoptée par l'Université pour les lycées et collèges. Mais en sera-t-il nécessairement ainsi, et ne peut-on pas admettre par hypothèse qu'il en soit autrement? Nous avons connu un établissement dans lequel le même professeur suivait l'élève depuis ses classes élémentaires jusqu'à la classe de philosophie. Une pareille organisation de l'enseignement serait-elle à l'avenir tolérée, ou s'il plaisait à quelque directeur, ennemi de la routine, de l'essayer, chacun de ses collaborateurs aurait-il à prendre autant de diplômes de licencié qu'il aurait de classes différentes à faire d'année en année ?

Nous croyons avoir mis en lumière tout ce qu'il y a d'inique et d'impraticable dans l'article du projet de M. Paul Bert relatif aux grades. Nous ne nous arrêterons pas à l'article suivant, qui exige des maîtres surveillants le brevet simple de capacité pour l'instruction primaire, et nous avons hâte d'arriver à l'article 4 concernant la composition du jury chargé d'examiner les candidats au certificat d'aptitude pédagogique. L'article est ainsi conçu :

« Art. 4. Tous les ans le ministre nomme, sur la présentation du conseil académique, un jury chargé d'examiner les aspirants au certificat d'aptitude pédagogique. Ce jury est composé de sept membres, y compris le recteur qui le préside.

« L'examen sera public. Le programme et les conditions de l'examen seront fixés par un décret, après avis du Conseil supérieur de l'instruction publique. »

Veut-on savoir comment cette disposition est commentée dans l'exposé de motifs ?

« Le certificat d'aptitude pédagogique est délivré par un jury spécial qui a été institué par la loi du 15 mars 1850, art. 62. Notre art. 4 n'est que la reproduction de cet article, avec quelques modifications de détails qui n'en changent pas le caractère. »

Ainsi M. Paul Bert se serait inspiré de la pensée du législateur de 1850, et il n'aurait fait que suivre son exemple. A qui se flatte-t-on de le persuader? et, au lieu d'arguments sérieux, faut-il que nous soyons réduits à combattre des infidélités historiques telles qu'elles font suspecter la bonne foi de leur auteur?

Sans doute, et sans revenir sur les différences que nous avons signalées entre le brevet de capacité de 1850 et le certificat d'aptitude, sans doute, d'après la loi de 1850 comme d'après le projet de M. Paul Bert, le jury spécial doit être nommé par le ministre sur la proposition du Conseil académique ; mais comment le Conseil académique était-il composé il y a trente ans et comment l'est-il aujourd'hui ? Il y a trente ans, l'on y faisait entrer l'évêque ou son délégué, un pasteur protestant, un délégué du consistoire israélite, le procureur général près la Cour d'appel ou le procureur de la République, un membre de la Cour d'appel ou un membre du tribunal de première instance, quatre membres élus par le Conseil général. Les doyens des facultés n'étaient appelés à siéger avec voix délibérative que dans les affaires qui concernaient leurs facultés respectives. Aujourd'hui dans le Conseil académique nous trouvons les inspecteurs d'Académie, les doyens des facultés de divers ordres, les directeurs des écoles supérieures et des écoles préparatoires, un professeur de chacune de ces facultés et écoles, un proviseur, un principal, six professeurs de l'enseignement secondaire, pas un seul membre de l'enseignement libre, pas un seul magistrat, pas un seul délégué de l'autorité ecclésiastique. Quel rapport y a-t-il entre le Conseil académique institué par la loi de 1850, et le Conseil académique tel qu'il existe en 1882? Le jury spécial que désignait l'ancien conseil offrait toute garantie ; il excluait, par la composition même de 'assemblée qui le proposait au choix du ministre, tout soupçon de partialité ; quelle garantie offrira le jury désigné par le conseil actuel? Pourra-t-on dire que les membres qui le composeront seront, comme le disait M. Beugnot en 1850, « absolument étrangers à l'enseignement public, » et qu'ils ne porteront, dans l'exercice de leur ministère, d'autre préoccupation que celle de la justice et de la vérité ?

Un projet qui prête aux objections que nous venons d'indiquer ne mérite assurément pas l'approbation des esprits sages, prévoyants et sincèrement respectueux de tous les droits, qui n'estiment pas que la situation d'un pays soit bonne, lorsque la loi devient un ferment de discorde et n'est plus qu'une arme aux mains d'une faction, maîtresse éphémère du pouvoir. Cependant nous n'avons pas encore touché ce que la proposition de M. Paul Bert renferme de plus grave ? pourquoi ne le dirions-nous pas ? de plus perfide ; nous voulons dire les entraves qu'elle apporte à l'enseignement ecclésiastique et au recrutement du clergé.

Personne n'ignore comment le clergé se recrute en France.

Chaque diocèse possède, sous l'autorité de l'évêque, deux sortes d'écoles: 1° un grand séminaire au sortir duquel les aspirants au sacerdoce reçoivent la prêtrise ; 2° un ou plusieurs petits séminaires, ou écoles secondaires ecclésiastiques, dans lesquelles ils entrent vers l'âge de 10 à 12 ans, sont initiés à la connaissance des lettres humaines, comme ils le seraient dans un lycée, ne restent pas étrangers toutefois aux pratiques de la piété chrétienne, et se préparent ainsi à l'étude de la théologie qui a lieu au grand séminaire. On a cru en tout temps que l'apprentissage de la vie sacerdotale devait commencer dès la première jeunesse. L'Église elle-même en a ainsi jugé, et le Concile de Trente a imposé aux évêques l'obligation d'établir des maisons où ils réuniraient des enfants que l'éducation disposerait à devenir de fortes et saintes recrues pour le service des autels.

Ce n'est pas ici le lieu de nous étendre sur les controverses passionnées auxquelles l'organisation des petits séminaires donna lieu aux temps de la Restauration et de la monarchie de Juillet ; elles ont cessé avec le monopole universitaire qui en était la première cause, et les questions litigieuses ont été tranchées par l'article 70 de la loi du 15 mars 1850 :

« Les écoles secondaires ecclésiastiques actuellement existantes sont maintenues, sous la seule condition de rester soumises à la surveillance de l'Etat. Il ne pourra en être établi de nouvelles sans l'autorisation du gouvernement. »

Telle est aujourd'hui la situation. Elle dure depuis plus de trente ans. A-t-elle engendré des abus ? On n'en signale aucun. A-t-elle donné lieu à des conflits entre l'épiscopat et l'autorité civile ? En aucune occasion. Elle est acceptée, elle est régulière, elle est paisible et l'intérêt de l'Etat comme celui de l'Eglise est de la maintenir intacte.

La sagesse de M. Paul Bert en a jugé autrement, et il a imaginé d'introduire dans son projet de loi l'article suivant, qui est l'article 8 : « Les dispositions de la présente loi sont applicables aux écoles secondaires ecclésiastiques. » Pourquoi ce changement dans la législation ? M. Paul Bert n'en dit rien, sinon qu'il « va de soi, » tellement, sans l'article de la loi du 15 mars 1850, « il serait superflu! » Ainsi il va de soi qu'on porte inopinément le trouble dans les maisons d'éducation ecclésiastiques ; il va de soi qu'on bouleverse leur organisation , qu'on afflige profondément les évêques : la chose paraît si naturelle qu'on croit inutile de la justifier.

Mais, refoulant au-dedans de nous-même les sentiments que nous inspire ce silence outrageant, voyons quelles conséquences va entraîner l'innovation proposée.

Les écoles ecclésiastiques rentrent dans le droit commun'; donc aux termes de la loi qui va leur être appliquée, les supérieurs appelés par l'autorité épiscopale à les diriger devront être munis : 1° du diplôme de bachelier ès lettres ou ès sciences, ou du certificat de capacité de l'enseignement secondaire spécial ; 2° d'un certificat d'aptitude pédagogique. A coté d'eux nul de leurs collaborateurs n'enseignera l'histoire, la botanique ni la philosophie, s'il n'est licencié ès lettres ; nul la physique, s'il n'est licencié ès sciences physiques; ni les mathématiques, s'il n'est licencié ès sciences mathématiques. Il sera même interdit de donner dans ces écoles quelques leçons de botanique et de physiologie, à moins d'être licencié ès sciences naturelles. Et on suppose, ou du moins on voudrait faire croire qu'à de pareilles conditions les écoles secondaires ecclésiastiques pourront subsister ! Ce n'est pas seulement la liberté des évêques, que par un sentiment exagéré de la valeur des diplômes universitaires, on restreint dans une matière délicate où elle doit rester dégagée de toute entrave inutile : c'est l'existence même des petits seminaires qui se trouve compromise. Il en existe 120. Comment trouver pour les diriger des supérieurs munis du certificat de capacité pédagogique, ce certificat inutile pour eux et que tant de prêtres hésiteront à venir demander à une commission administrative, prévenue contre la soutane qu'ils portent? Pour occuper les chaires principales, où découvrir un assez grand nombre de licenciés ès lettres et de licenciés ès sciences ? Il ne servirait à rien de se faire illusion: le projet de M. Paul Bert, avec ses inqualifiables exigences, ne laisserait pas subsister un seul petit séminaire; et peut-être n'a-t-il pas d'autre but, dans la pensée de son auteur, que de les détruire tous.

Et quel moment choisit-on pour proposer à la Chambre cette innovation désastreuse ! On choisit le moment où dans les lycées de l'Etat et dans les collèges communaux la religion est rejetée sur le second plan, où l'enseignement de l'aumônier n'est toléré qu'à regret, où ce qui peut favoriser l'influence chrétienne est sourdement combattu, où ce qui tend à l'avilir et à la détruire est encouragé, où les maîtres connus pour être bons catholiques sont traités comme des suspects, où les adeptes de la libre pensée obtiennent toutes les faveurs ! Suppose-t-on que l'atmosphère dont la jeunesse est entourée dans les écoles officielles, aide à la naissance des vocations religieuses, qu'elle contribue à les développer, à les fortifier ?

Lors de la discussion du projet de loi sur l'instruction secondaire présenté en 1844 à la Chambre des pairs, un orateur d'un grand sens et de l'esprit le plus élevé, M. de Barante, disait : « Dans l'état présent de la société, lorsque l'éducation publique a un caractère essentiellement laïque, la vocation ecclésiastique ne peut naître, ne peut être préservée, que dans des établissements spéciaux et consacrés à cette destination.... L'enseignement public, d'après la règle qu'on croit indispensable de lui imposer, se tiendra éloigné de tout dogme religieux : aucune communauté, aucun rapport ne sera établi entre le développement de l'intelligence et les croyances de l'âme. Est-ce là une préparation convenable pour le sacerdoce ? »

Combien ces paroles ne s'appliquent-elle pas à plus forte raison à notre situation actuelle ! Il n'y a plus de religion d'Etat ; mais il y a une irréligion officielle qui nous envahit de plus en plus ; qui chasse Dieu de l'école, fait disparaître tous les pieux emblèmes, arrache et brise les crucifix: sont-ce là les exemples qu'il convient de placer sous les yeux des jeunes lévites ? On n'a rien de mieux à faire si l'on veut détourner leur vocation ; mais si on ne veut pas éteindre au fond de leur âme toute étincelle de foi et de piété, il faut les placer dans un milieu où ces premières lueurs puissent devenir le flambeau de leur vie; il faut permettre aux évêques, fût-ce au prix de quelques dispositions exceptionnelles qui profitent à la société, d'avoir des écoles qu'ils dirigeront, sous l'œil de l'Etat, suivant les conseils de leur sagesse, et où ils élèveront dans l'amour de Dieu et de sa loi des enfants destinés à la carrière ecclésiastique. Voilà la vérité, voilà la justice, voilà la seule politique digne de l'approbation de ceux qui ne poursuivent pas la destruction des croyances chrétiennes dans notre patrie, la seule qui réponde aux promesses de M. le Président du Conseil lors de sa rentrée au pouvoir : « Une pensée essentielle nous animera : faire régner la paix dans ce pays, la paix dans les esprits aussi bien que dans l'ordre matériel. »

Si nous nous étendions davantage sur ce sujet, nous craindrions de sortir de notre rôle et d'empiéter sur un domaine qui appartient à NN. SS. les évêques. Nous nous efforçons d'entrer dans leur pensée, de nous associer à leurs vœux ; mais simple laïque, nous ne saurions avoir l'intention ni de parler en leur nom, ni de suppléer à leur voix.

Nous touchons au terme de l'examen du projet de M. Paul Bert ; mais il nous reste quelques mots à dire de l'article 7, lequel est ainsi conçu :

« L'article 68 de la loi du 15 mars 1850 est applicable, dans le « cas de désordre grave occasionné ou toléré par le directeur « dans l'intérieur de l'établissement, ou s'il est constaté par « l'inspection que l'enseignement est contraire à la morale, à la « constitution et aux lois. »

Cette disposition reproduit, en l'abrégeant, un article du projet de M. Jules Ferry, dont nous savons quelque gré à M. Paul Bert d'avoir effacé le dernier paragraphe : « L'interdiction même à temps, disait M. Ferry, entraînera de droit la fermeture de l'établissement, nonobstant appel. » M. Paul Bert n'a pas voulu attacher son nom à cette énormité ; nous l'en félicitons. Mais il continue d'assimiler au cas d'inconduite et d'immoralité deux autres cas que la loi de 1850 et les projets de loi antérieurs avaient pris soin d'en distinguer : 1° le cas de désordre grave dans le régime intérieur ; 2° le cas d'un enseignement contraire à la morale, à la constitution et aux lois.

Nous ne pouvons que reproduire les objections que nous suggérait, il y a un an, cette assimilation à notre avis très dangereuse.

En cas d'inconduite ou d'immoralité, l'article 68 de la loi 1850 porte que « tout chef d'établissement libre d'instruction secondaire, toute personne attachée à l'enseignement ou à la surveillance d'une maison d'éducation, pourra sur la plainte du ministère public ou du recteur, être traduit devant le conseil académique et interdit de sa profession à temps ou à toujours, sans préjudice des peines encourues pour crimes ou délits prévus par le Code pénal. »

Cet article est à peu près la reproduction de celui qui fut adopté en 1844 par la Chambre des pairs, à la suite d'une mémorable discussion.

Mais, dans le cas de désordre grave, le législateur de 1850 n'appliquait pas une pénalité aussi sévère; il n'infligeait au chef de l'établissement dans lequel le désordre avait été constaté, que la réprimande avec ou sans publicité; et si la Chambre des pairs était allée jusqu'à la peine bien autrement grave d'une suspension temporaire, c'était en cas de récidive. Il importe d'ailleurs de ne pas oublier: 1° que, d'après le projet de 1844, les affaires diciplinaires concernant les établissements libres n'étaient pas soumises à un conseil purement universitaire, mais portées devant le tribunal civil dont le jugement pouvait être frappé d'appel; 2° qu'en cas d'interdiction d'un chef d'institution, l'établissement n'était pas immédiatement fermé, mais la direction pouvait en être confiée, pendant un délai de six mois, à un simple bachelier, muni d'un certificat de moralité, que le directeur interdit ou ses héritiers auraient désigné.

Que fait le nouveau projet? Non seulement il ne rend pas aux établissements libres la juridiction de droit commun dans laquelle ils trouvaient une garantie; non seulement il les livre u jugement et les laisse à la merci de leurs rivaux; mais il les expose à être fermés, sans rémission et sans délai, à la première scène de désordre qui s'y produira. Un chef d'établissement parfaitement honorable pourra être frappé d'interdiction à temps ou à toujours; pour quel motif? parce qu'un mauvais élève aura causé du scandale dans une classe, et que tel autre, peut-être un élève exclu à juste titre, aura essayé de se venger en fomentant une rébellion. Le ministre de l'instruction publique sait aussi bien que personne combien de pareils faits sont fréquents dans les lycées et colléges; ont-ils jamais motivé, de la part de l'administration, d'autre mesure que la réprimande, le déplacement, et, dans des cas très exceptionnels, la mise en disponibilité des proviseurs, censeurs et principaux? Pourquoi donc changer ce que la loi de 1850 avait si sagement et si libéralement réglé? Ah! la raison est bien simple. On veut rendre aux établissements privés la vie si dure qu'elle leur devienne impossible sans l'aveu du gouvernement; on veut les entourer de piéges où ils tomberont

à la première occasion, si le gouvernement a ordonné leur ruine.
Comme tant d'autres conceptions administratives, l'assimilation
du cas de désordre au cas d'inconduite et d'immoralité, l'applica-
tion de la même pénalité à l'un et à l'autre cas, est un empiéte-
ment abusif de l'arbitraire ministériel sur le domaine de la liberté.

Nous ne sommes pas moins effrayés de voir rangé d'une
manière expresse parmi les faits délictueux tout enseignement
contraire à la morale, à la constitution et aux lois. Est-ce que
jamais personne a soutenu qu'un tel enseignement, s'il venait à
se produire, dût rester impuni? Le législateur de 1850 aurait-il
poussé à ce point l'imprévoyance, et l'ancien Conseil supérieur
de l'instruction public, l'oubli de ses devoirs envers la jeunesse
et envers le pays? Quelque restreinte que puisse paraître à nos
adversaires la mission donnée par la loi actuellement en vigueur
aux agents de l'Université, ceux-ci ont pour devoir de vérifier
dans chaque école si les leçons qu'y reçoivent les élèves n'offen-
sent pas la morale ou ne s'écartent pas du respect dû aux institutions. Les rapports qu'ils adressent au gouvernement ne sont
nullement dépourvus de sanction; car si le fait d'un mauvais
enseignement est dénoncé, il constitue à la fois un désordre grave
qui engage la responsabilité du chef de l'établissement devant
le Conseil académique, et un délit de droit commun prévu par le
Code pénal, et pouvant amener le professeur sur les bancs de la
police correctionnelle. Cette législation suffisait au gouvernement
impérial, comme elle a suffi depuis 1871 au gouvernement
républicain. Si M. le ministre de l'instruction publique entreprend
aujourd'hui de la changer, c'est qu'il songe beaucoup moins à
réprimer, dans l'intérêt de la bonne éducation et de la justice, des
délits réels et certains, qu'à créer des délits fictifs, soumis à une
juridiction dépendante, qui l'aidera sans scrupule à enchaîner
la liberté. Qu'arrivera-t-il en effet si la proposition ministérielle
est adoptée? Sur un certain nombre de points il se formera une
doctrine d'Etat que, bon gré mal gré, en dépit de la vérité historique et en dépit de ses propres convictions, toute personne parti-
cipant à l'éducation publique sera tenue de professer. Quiconque
en professera une différente, quiconque par exemple jugera
les personnages et les faits de l'histoire contemporaine autrement que le ministre, celui-là sera tenu pour un suspect, et
au premier jour il sera frappé. Il n'y a pas de délit plus in-
saisissable et moins défini que ceux qui sont commis dans la

suite d'un enseignement; les procès qui en résultent, suivant le bon plaisir de l'administration, ne sont pour la plupart que des procès de tendance, mortels à la liberté, quand ils sont portés devant un tribunal administratif. En bonne justice et dans l'intérêt même du gouvernement, il ne convient de poursuivre que les délits de droit commun, tels que l'outrage aux mœurs et la provocation à la désobéissance aux lois, délit dont le tribunal correctionnel est le véritable juge. C'est là ce que la Chambre des pairs avait bien compris en 1844, lorsqu'elle rejetait un amendement présenté par M. Franck Carré, qui, dans l'article concernant les cas d'inconduite et d'immoralité, proposait d'insérer le paragraphe suivant : « Les mêmes poursuites seront dirigées contre le chef d'un établissement secondaire en cas d'enseignement contraire à la morale publique et religieuse ou aux lois du royaume. » L'amendement fut combattu par M. Villemain, alors ministre de l'instruction publique, et avec plus de force encore par M. le duc de Broglie. « On veut, disait le duc de Broglie, on veut que chaque enseignement soit surveillé dans sa nature, dans sa tendance, dans toutes ses parties, et que chaque doctrine puisse arriver à son tour devant le tribunal, » nous sommes obligés de dire aujourd'hui, devant le Conseil académique, « pour y être qualifiée. Si c'est là ce qu'on veut, il ne subsistera pas ombre de la liberté de l'enseignement. » — « Je crois impossible, » continuait le duc de Broglie, de maintenir une liberté quelconque de l'enseignement, si on veut avoir ce dégré de répression continue. » Et plus loin : « On trouvera toujours une raison pour traduire le professeur devant le tribunal », lisez : devant le Conseil académique, « et je crois qu'il n'y aura aucune garantie réelle offerte à la liberté que vous voulez établir(1). »

Nous n'ajouterons rien à ces fortes et décisives paroles; nous voudrions pouvoir espérer qu'au jour de la délibération elles seront présentées à la majorité des membres du Parlement, et qu'elles auront quelque influence sur leur vote.

Maintenant est-il nécessaire de parler des dispositions relatives à l'enseignement secondaire des filles que M. Paul Bert a introduites dans son projet? Nulle institutrice, laïque ou congréganiste, ne pourra diriger une école secondaire de jeunes filles, si elle

____

(1) Séance de la Chambre des Pairs du 11 mai 1844.

n'est pourvue du brevet complet pour l'instruction primaire. Les
« professeurs femmes » devront avoir le brevet simple; « les professeurs hommes, » le diplôme de bachelier ès lettres. Nous ne
sommes pas en mesure, quant à présent, de mesurer l'étendue et
la gravité du trouble que ces dispositions apporteront dans les
maisons d'éducation destinées aux jeunes filles : nous nous bor-
nons à les signaler ; peut-être y reviendrons-nous quelque
jour. Ajoutons seulement que, dans la pensée de leur auteur, elles
ne sont que provisoires, M. Paul Bert annonçant l'intention de
créer des grades spéciaux pour les femmes. Alors s'accomplira
ce qu'un spirituel écrivain, élevé depuis à de hautes fonctions
qu'il n'a pas longtemps gardées, appelait « la fin d'un sexe ».

Les dispositions que nous venons d'analyser offrent l'image
des temps troublés où nous vivons. Intempérantes et désor-
données, injustes et mensongères, elles sont l'œuvre de la passion, non de la raison. C'est le souffle révolutionnaire déchaîné
sur la France qui les a inspirées ; ce n'est pas la saine intelligence
des conditions d'un gouvernement régulier, non plus que celle
des besoins permanents du pays. Nous aurions quelque peine à
les pardonner à leurs auteurs ; et cependant ils n'en sont pas seuls
responsables ; ils ont pour complices la confusion générale des
idées au sein d'une société que la soif du bien-être dévore, que des
préjugés impies aveuglent, et qui ne sait plus distinguer entre la
vérité et l'erreur, entre le bien et le mal, entre la servitude et la
liberté. Le mal est-il assez général et assez profond pour être
sans remède? Nous sommes loin de le penser. Nous ne saurions
oublier les paroles consolantes du livre de la *Sagesse* : « Dieu a
fait les nations guérissables, *Deus fecit nationes sanabiles* (1). »
Mais la guérison ne s'opère pas d'elle-même et n'est pas l'œuvre
d'un jour ; elle est le prix d'efforts virils et persévérants. Donc,
ainsi que nous le disions en commençant, ne cédons pas au découragement, et conservons l'espoir de jours meilleurs. En atten-
dant, résistons et luttons. Si nous ne triomphons pas sur toute la
ligne, peut-être remporterons-nous des succès partiels , qui ne
seront pas sans importance. Quand nous ne réussirions qu'à introduire quelques tempéraments dans la loi de servitude dont
nous sommes menacés, quand nous ne réussirions pour le moment qu'à rendre un peu moins lourd le joug que nos adversaire

____

(1) Sap., 3, 14.

veulent appesantir sur les écoles catholiques, pourrions-nous regretter les efforts que nous aurait inspirés la foi en Dieu et dans la liberté?

II

PROPOSITION DE M. MARCOU
POUR LE RÉTABLISSEMENT DU CERTIFICAT D'ÉTUDES.

Les défenseurs de la liberté d'enseignement ont aujourd'hui une mission singulièrement laborieuse. Les efforts qu'elle leur impose n'admettent pas de cesse ni de repos. La tâche paraît-elle achevée avec plus ou moins de succès sur un point, elle se renouvelle pour un autre où la lutte est aussi nécessaire et réclame autant de vigilante énergie que sur le premier point. A peine avions-nous abordé l'examen du projet de M. Paul Bert contre les institutions libres, un nouveau coup leur était porté, une nouvelle proposition nous obligeait à entrer dans la lice : la proposition de M. Marcou sur le rétablissement du certificat d'études (1). Une proposition analogue avait été présentée par son auteur dans le cours de la dernière législature (2). La nouvelle rédaction ne diffère de la précédente que par un article additionnel, frappant de peines sévères les parents qui présenteraient de faux certificats : l'une et l'autre sont accompagnées d'un exposé de motifs dont les formes brutales rappellent en plus d'un passage le style révolutionnaire des beaux jours de 1793, au temps des Chaumette et des Hébert.

Nous discuterons le projet de M. Marcou, comme nous avons discuté celui de M. Paul Bert. Nous signalerons la gravité de ce projet, non seulement à nos lecteurs catholiques, mais d'une manière générale à tous ceux qui ont quelque souci de la liberté, quelque prévoyance des périls qui naissent pour le pays, et qui naissent infailliblement, de l'oppression des consciences. Commençons cependant par rappeler rapidement ce qu'était le certificat d'études au moment où il a été supprimé.

Chose curieuse et pas assez remarquée, il n'est pas question du

(1) Séance du 3 décembre 1881. *Rapport sommaire de la commission d'initiative.* Séance du 14 janvier 1882.
(2) Séances du 14 décembre 1880 et du 10 février 1881.

certificat d'études dans le décret du 17 mars 1808, qui a organisé l'Université et qui est comme sa grande charte. L'article 19 de ce décret porte seulement : « Pour être admis à subir l'examen du baccalauréat dans la faculté des lettres, il faudra : 1° être âgé de seize ans au moins; 2° répondre sur tout ce qui s'enseigne dans les hautes classes des lycées (1).

La première idée du certificat d'études comme condition d'admissibilité à l'examen apparaît dans un arrêté du Conseil de l'Université du 16 avril 1810. Art. 18 : « Pour être admis à l'examen, tout aspirant justifiera qu'il a fait une année de rhétorique et une année de philosophie, soit dans un lycée, soit dans une école où ce double enseignement aura été autorisé. — Art. 19. Si l'aspirant réside dans la ville où est établie la faculté, il sera tenu de justifier qu'il a fait à la faculté l'année de philosophie exigée par l'article précédent. Il devra en outre avoir suivi l'un des autres cours de la même faculté. »

Le décret du 15 novembre 1811 modifia un peu ces conditions en son article 23 : « Les étudiants qui se présenteront pour prendre des grades dans les lettres ou les sciences, seront tenus de représenter le certificat d'études dans une école de la même ville, à moins qu'ils ne prouvent avoir été élevés par un instituteur, par leur père, oncle ou frère ». Un avis du conseil de l'Université, confirmé peu de jours après par un arrêté du Grand-Maître, déclara que, par ces mots *Ecoles de la même ville*, on devait entendre « toute école publique où l'enseignement complet serait autorisé ».

En face de ces règlements qui avaient survécu à l'Empire, le gouvernement de la Restauration se montra tout d'abord hésitant. Une ordonnance du 5 juillet 1820, art. 2 et 3, confirma l'obligation du certificat d'études, sans même reconnaître au père de famille le droit de le délivrer à son fils, frère ou neveu. Tout au contraire, l'ordonnance du 27 février 1821 et l'arrêté délibéré par le Conseil de l'Université pour l'exécution de cette ordonnance n'imposent aux candidats d'autre condition préalable que celle de déclarer l'école où ils auraient été instruits, ou le maître particulier qui leur aurait donné des leçons ». Cette situation dura peu. Dès le 17 octobre suivant, sur la demande du Conseil de l'instruction

---

(1) *Recueil des lois et règlements concernant l'instruction publique.* Paris 1814 et an. suiv. in-8°, t. IV, p. 5 Toutes les notes que nous citons se trouvent à leur date dans le même *Recueil.*

publique, une nouvelle ordonnance décidait « qu'à partir du 1ᵉʳ octobre 1822 pour être admis à l'examen du baccalauréat ès lettres, il faudrait avoir suivi, pendant une année au moins, un cours de philosophie dans l'un des collèges, institutions ou pensions ecclésiastiques régulièrement établis, où cet enseignement aurait été autorisé ». Étaient affranchis de cette obligation les jeunes gens élevés dans la maison de leur père, oncle ou frère.

La règle établie ne subit désormais aucune atténuation. Disons plus, elle fut aggravée en 1835 par une délibération du Conseil royal de l'instruction publique, lequel exigea un double certificat de rhétorique et de philosophie, prétextant qu'une année de philosophie supposait une année antérieure de rhétorique (1).

En résumé, quand on remonte, comme nous venons de le faire, à ses antécédents historiques, on voit que le certificat d'études n'a dans le passé aucune base à proprement légale, que tout à fait omis dans le décret de 1808, à peine mentionné dans celui de 1811, il repose principalement sur de simples arrêtés du Conseil de l'instruction publique, et plus tard sur des ordonnances royales. On voit aussi qu'il était étroitement lié au monopole universitaire, dont il devait partager les vicissitudes. Quelles objections il avait soulevées, à quelles plaintes il avait donné lieu, quels embarras il causait à l'administration, quel mécontentement aux familles, la génération actuelle ne saurait l'ignorer. L'écho des protestations qui s'élevaient de toutes parts contre une institution inutilement vexatoire est arrivé jusqu'à elle, et pour peu qu'elle prête l'oreille, il semble qu'elle entende encore la voix des orateurs et des écrivains qui ont porté ces protestations avec tant d'éclat à la tribune ou dans la presse. Pourquoi, nonobstant l'arrêt de la conscience publique, M. Marcou entreprend-il de réviser un procès qu'elle a jugé il y a trente ans, et de relever ce qu'elle avait alors condamné et que l'Assemblé législative avait condamné comme elle par une sentence qui paraissait sans appel?

Il semble, à entendre l'honorable député, que l'avenir de l'éducation en France, la culture intelligente des esprits, le progrès du savoir solide et fécond, exigent le rétablissement du certificat d'études ; il invoque à l'appui de sa thèse d'une part de graves autorités, et d'autre part l'expérience.

(1) *Bulletin universitaire*, an. 1835, p. 256.

« Les maîtres les plus illustres de l'enseignement universitaire, dit-il, avaient bien compris les conséquences fâcheuses de la suppression de cette garantie du savoir. Aussi ont-ils toujours défendu l'institution du certificat d'études universitaires pour maintenir le niveau intellectuel. »

Quels sont donc ces maîtres illustres, invisibles patrons du projet de M. Marcou ?

Est-ce M. Guizot, qui, dans un projet de loi sur l'instruction secondaire présenté à la Chambre des députés le 1er février 1837, n'inscrivait pas le certificat d'études parmi les conditions d'admissibilité au baccalauréat ès lettres ?

Est-ce M. Saint-Marc Girardin, qui déposa un brillant rapport sur ce projet dans la séance du 26 juin de la même année, sans mentionner non plus cette condition ?

Est-ce M. Cousin, qui dans son *Rapport sur l'état de l'instruction publique dans quelques pays de l'Allemagne*, publié une première fois en 1831 et réimprimé en 1836, s'exprimait en ces termes :

« Le monopole n'existe pas en Prusse, et les gymnases n'ont d'autres privilèges qu'une excellente organisation et l'habileté des professeurs ; ce sont là les seuls que je réclame pour nos collèges. Ainsi, que la jeunesse française soit entièrement libre de suivre ou de ne pas suivre les collèges, et que non seulement de la maison paternelle, mais des établissements privés, on puisse se présenter au baccalauréat, sans autre certificat d'études que les connaissances dont on a fait preuve. »

Conséquent avec lui-même, M. Cousin insérait l'article suivant dans le projet de loi qu'il avait préparé en 1840 durant son court ministère :

« Est supprimée l'obligation de produire des certificats d'études faites dans les établissements universitaires pour l'admission au baccalauréat ès lettres (1). »

Il est vrai que, quatre ans plus tard, l'opinion de l'illustre philosophe était modifiée. Et pourquoi ? Pour un motif politique, absolument étranger à l'intérêt des études, et qui se résume en un seul mot : haine des Jésuites. Si l'illustre philosophe avait apprécié plus sainement les œuvres de la Compagnie, il eût fait en 1844, lui-même l'avoue, ce qu'il avait fait en 1836 et en 1840 ; il se serait prononcé contre le certificat d'études qui, par une nouvelle évolution de cet

(1) *Recueil des actes principaux du ministère de l'instruction publique.* Paris, 1841, in-8°, p. 122.

esprit mobile, devait l'avoir pour adversaire en 1849, au sein même du Conseil de l'Université.

M. Marcou invoque l'autorité des « maîtres les plus illustres de l'enseignement ». Pourquoi ne s'est-il pas enquis de l'opinion du Conseil de l'Université?

En 1849 ce Conseil se composait de trente membres, parmi lesquels se trouvaient M. Thénard, M. Dubois, M. Saint-Marc Girardin, M. Giraud, M. Dumas, M. Guigniaut, M. Cousin lui-même, puis les doyens de facultés, six inspecteurs généraux, trois proviseurs. La question du certificat d'études leur fut soumise par M. de Parieu. Une voix, celle de M. Victor Le Clerc, dit-on, se prononça pour le maintien du certificat : une nombreuse majorité en vota la suppression, qui fut ordonnée par le décret du 16 novembre 1849 (1).

M. Marcou ne connaissait sans doute pas ces faits, lorsqu'il se présentait, avec une si étonnante assurance, comme l'interprète et le champion des « maîtres les plus illustres » Mais nous connaissons un autre fait qui aura certainement à ses yeux quelque importance, et qu'il a, comme le précédent, absolument omis. Rappelons-lui donc, puisqu'il paraît l'oublier, qu'au lendemain de la révolution de Février, le suffrage universel envoya siéger à Paris une assemblée nationale qui ne passait pas pour être hostile à la République, et qui chargea une commission, choisie dans son sein, de préparer la loi organique de l'instruction publique. Cette commission, qui eut M. de Vaulabelle pour président, et M. Jules Simon pour rapporteur, comptait parmi ses membres M. Barthélemy-Saint-Hilaire, M. Carnot, M. Germain Sarrut, M. Guichard, M. Liouville, M. Edgard Quinet etc. Quelle fut sa conclusion! « Nous abolissons le certificat d'études. Le jury d'examen n'aura plus à s'enquérir de l'origine du candidat : il délivrera le certificat à tous ceux qui en seront dignes. » Et, deux pages plus loin, dans le rapport de M. Jules Simon : « Le meilleur moyen de savoir ce que sait et ce que vaut un candidat sera toujours de l'examiner. Nous avons donc aboli le certificat d'études ; et par là

____

(1) *Bulletin universitaire*, t, XVIII, p. 285 et s. Nous avions conservé près de M. de Parieu les fonctions de chef de cabinet que M. de Falloux nous avait confiées à la fin du mois de décembre 1848, lors de son arrivée aux affaires. Il n'y avait au ministère de l'instruction publique ni sous-secrétaire d'État, ni secrétaire général. Le chef de cabinet était le centre auquel toutes les affaires aboutissaient. Après la séance du Conseil, nous vîmes accourir près de nous plusieurs conseillers, M. Cousin entre autres, qui se félicitaient de l'abolition du certificat d'études.

nous supprimons en même temps toutes ces fraudes qu'on se permettait si légèrement et qui avaient le double inconvénient d'être une violation de la loi, et d'accoutumer les jeunes gens à regarder cette violation comme indifférente (1). »

M. Marcou nous oppose que M. Duruy en 1862 « regrettait la suppression du certificat d'études. Pour notre part, nous déclarons ne connaître de M. Duruy, sous lequel nous appartenions à l'administration de l'instruction publique, aucun acte, aucun discours, aucune parole favorable au rétablissement du certificat d'études. C'est un témoignage que nous avons le devoir de rendre sur ce point si important au libéralisme de l'ancien ministre de l'Empire.

Quel patron reste donc à M. Marcou pour défendre et justifier sa proposition? Il lui reste M. Ferry, qui dans la séance de la Chambre des députés du 19 juillet 1879 a prononcé la phrase suivante : « La décadence du baccalauréat, tenez-la pour un fait acquis. Je vous demanderai d'où elle vient et qui en est responsable? C'est la loi de 1850. Car, du jour où le certificat d'études a été supprimé, du jour où à la garantie d'études faites sous un contrôle sérieux, pendant un nombre d'années déterminé, est venu se substituer le hasard d'un examen, alors c'est la préparation mécanique, c'est, l'aide-mémoire, c'est le manuel où excelle l'Institut jésuitique.... »

Nous pourrions poursuivre la citation, mais à quoi bon? Ne sommes-nous pas suffisamment renseignés sur les sentiments de l'orateur? Ce qui nous frappe et nous surprend, c'est que la suppression du certificat d'études paraissant à M. Jules Ferry si fertile en conséquences funestes, il n'ait pas cherché à le rétablir. Nous n'hésitons pas à croire que la réflexion l'aura éclairé, et qu'il aura bientôt reconnu que cette marque d'origine, demandée au savoir, était un anachronisme repoussé par nos mœurs.

Mais il y a quelque chose de plus à dire : c'est que l'abolition du certificat d'études n'a nullement produit les effets qu'on lui impute. Est-ce que les officines où les bacheliers se fabriquent, est-ce que la préparation mécanique substituée à l'étude prolongée et sérieuse, est-ce que l'aide-mémoire, le manuel encyclopédique venant remplacer par quelques mots de réponse la leçon du pro-

(1) Rapport fait par M. Jules Simon, au nom de la Commission chargée de préparer une loi organique pour l'enseignement. (Séance du 5 février 1849), p. 6 et 8 de l'édit.

fesseur et les ouvrages étudiés à loisir, est-ce que tout cela date de 1850? Est-ce que tout cela ne remonte pas beaucoup plus haut? Avant que nous eussions quitté le lycée, nous avons vu toutes ces pratiques en grande faveur, sans que nous en ayons usé pour nous-mêmes. Il y avait déjà en 1835 des manuels du baccalauréat qui en un volume de médiocre étendue avaient la prétention d'offrir aux jeunes gens toute l'instruction nécessaire, comme il y avait des maisons spéciales, où les candidats pressés d'en finir venaient se préparer hâtivement, où les candidats malheureux venaient travailler à réparer leur échec.

Au lieu d'imputer à la loi de 1850 et au décret du 16 novembre 1849 la décadence du baccalauréat, il serait équitable de reconnaître que depuis cette date les chances du hasard dans les examens ont successivement diminué. Jamais l'industrie des préparateurs n'a été atteinte de plus de côtés : si elle n'a pas disparu, et ce serait une illusion de croire qu'elle disparaîtra jamais, les candidats se sont vus astreints à des efforts bien autrement sérieux que par le passé. Sur ce point la contestation ne nous paraît pas possible.

Il est trop vrai que les études classiques ont fléchi ; mais leur affaiblissement a précédé de beaucoup le triomphe des idées libérales. Nous nous rappelons l'impression profonde que produisit au sein de l'Université et au dehors un article de Charles Lenormant sur l'enseignement des langues anciennes, publié en 1845 et dans lequel le savant écrivain, suppléant de M. Guizot à la Faculté des lettres de Paris, n'hésitait pas à dire que « le pays de l'Europe où le culte de l'antiquité était le plus affaibli, le plus prêt à s'éteindre, était la France : » que « tout ce qui s'y imprimait témoignait de l'ignorance des textes anciens et des règles les plus simples de la critique. » La situation s'est améliorée sous beaucoup de rapports, grâce aux travaux de quelques esprits éminents et à l'heureuse création de l'École des hautes études, due à l'initiative de M. Duruy; mais, à part d'honorables exceptions, comme on en trouvera toujours dans la patrie des Passerat et des Ramus, des Dacier et des Boissonnade, le culte des lettres, celui des lettres anciennes surtout, et n'a pas cessé de fléchir et fléchira encore. Parmi les causes multiples de cette décadence, n'hésitons pas à signaler les innovations peu réfléchies que l'administration supérieure s'est trop souvent permises, et dont quelques-uns ont porté le coup plus sensible aux études libérales. Que les nouveaux programmes élaborés en 1880 par M. Jules Ferry durent seulement quelques années, qui donc en France, parmi les anciens élèves des lycées ou des collèges communaux, saura le grec ou même le latin?

En favorisant la concurrence, la loi de 1850 a modéré le progrès du mal, et nous avons la confiance qu'elle parviendrait à le réparer, en partie du moins, si elle était interprétée plus loyalement et mieux respectée par l'autorité publique. Loin de faire baisser le niveau intellectuel, elle a donc contribué à le maintenir.

Elle a rendu à la société française un autre service dont il ne serait que juste de lui tenir compte : elle a servi à propager l'instruction secondaire dans tout le pays. En 1842 M. Villemain constatait, dans un rapport au Roi, que le nombre des jeunes gens qui participaient au bienfait de cette instruction dans les établissements publics ou particuliers, y compris les petits séminaires, était de 89,844. En 1850, à la veille de l'exécution de la nouvelle loi, on en comptait 119,000; en 1865, 140,253; en 1876, 153,324. C'est un lieu commun dans un certain parti de reprocher aux défenseurs de la liberté d'enseignement, tous englobés sous le nom de cléricaux, d'être les amis et les fauteurs de l'ignorance; ils peuvent répondre à cette calomnie par le tableau de la diffusion de l'enseignement secondaire sous l'empire des doctrines et de la législation qu'ils avaient réussi à faire triompher.

Il s'est rencontré de tout temps des esprits très éclairés et très sincères, comme l'était l'ancien doyen de la Faculté des lettres de Paris, M. Victor Le Clerc, qui n'accordent qu'une très médiocre valeur aux résultats d'un examen. Ils estiment que, pour apprécier le candidat, le temps accordé aux juges est d'autant plus insuffisant que la matière des épreuves, pour le baccalauréat surtout, est très complexe. Ils voudraient en conséquence avoir la garantie que le candidat a étudié pendant un certain temps les matières sur lesquelles il doit répondre.

Nous ne partageons pas cette manière de voir. Fût-elle vraie cependant, un certificat d'études fût-il jugé nécessaire, il conviendrait, et telle est l'opinion que nous avons entendu plus d'une fois développer, qu'il pût être délivré par tout établissement d'instruction secondaire où la rhétorique et la philosophie seraient enseignées. Mais ce n'est pas ainsi que le comprend M. Marcou, à beaucoup près. Il prétend exiger le certificat d'études, aussi bien pour le baccalauréat ès sciences que pour le baccalauréat ès lettres ; il veut en outre que le dit certificat ne puisse être délivré que par les établissements universitaires, c'est-à-dire par les lycées et collèges. Il demande enfin qu'il s'étende aux trois classes de philosophie, de rhétorique et de seconde.

En effet l'article 1er de la proposition soumise à la Chambre est ainsi conçu : « Les candidats aux baccalauréats ne seront admis aux examens qn'après avoir prouvé qu'ils ont fait les classes de seconde, de rhétorique et de philosophie dans l'un des établissements de l'Université.

Aux plus beaux jours du certificat d'études et dans les projets de ses partisans les plus exaltés, jamais il ne s'était présenté aux familles sous un aspect aussi revêche, aussi révoltant. Est-ce que jamais personne avait imaginé de demander à aucun candidat la preuve qu'il avait fait sa seconde? A l'époque où nous étions au lycée, un certain nombre d'élèves ne faisaient pas leur seconde, les uns préférant doubler la troisième, les autres passer immédiatement en rhétorique. D'autre part, est-ce qu'il n'existait pas anciennement des institutions dites de *plein exercice*, qui délivraient des certificats de rhétorique et de philosophie, valables pour l'admission aux épreuves du baccalauréat ? En 1849 on en comptait 50, dont nous avons la liste sous les yeux. Nous trouvons dans le nombre l'institution de l'abbé Poiloup à Vaugirard, le collège de Juilly, ceux de Pontlevoix, de Sorrèze, d'Oullins, l'institution de l'abbé Haffreingue à Boulogne, etc.; de sorte que les avocats de l'Université se trouvaient fondés à soutenir qu'elle n'avait pas abusé de son monopole pour étouffer toute concurrence. Enfin la Chambre des pairs avait voté en 1844 un article maintenu dans le projet de M. Thiers, et aux termes duquel aucun certificat ne devait être exigé des candidats ayant atteint l'âge de trente ans révolu.

M. Marcou ne tient nul compte de ces antécédents. Il exige que tous les candidats sans exception, quel que soit leur âge, à quelque carrière qu'ils se destinent, justifient qu'ils ont fait une année de rhétorique, une année de philosophie et une année de seconde, et que ces trois classes ils les ont faites dans un lycée ou dans un collège communal, sinon dans la maison paternelle. Avez-vous étudié les humanités ou la philosophie ailleurs que dans une école de l'État ou au sein de votre famille, vous êtes déchu à tout jamais du droit d'être bachelier, c'est-à-dire d'exercer dans votre pays une profession libérale, puisqu'à l'entrée de toutes les professions libérales, le baccalauréat se dresse comme une barrière à franchir? Est-il croyable qu'un législateur pousse à un tel excès la tyrannique manie de la réglementation?

C'est que M. Marcou a une secrète horreur de la liberté; et comme elle l'épouvante, il prend le parti de la tuer. Il faut voir comment il raille les républicains, tels, je suppose, que M. Jules Simon, M. Ribot, M. Lamy, qui conservent au fond de leur cœur le culte de la liberté; pour lesquels la liberté est, comme s'exprime l'auteur de la proposition, « une idée pure, une entité, un fétiche. » M. Marcou estime que leur thèse « ne conduit trop souvent qu'à une immense duperie. Les dupes jettent feu et flamme. Après quoi ils recommenceront leur travail de Sisyphe. Mais les dupeurs se moquent d'eux et rient de leurs anathèmes posthumes. »

Cette passion illibérale dont M. Marcou est animé se comprendrait difficilement si elle n'était inspirée que par l'intérêt des études ; mais elle a chez l'honorable député un autre mobile encore plus puissant, quoique tout aussi peu solide, la préoccupation de l'unité nationale.

À l'exemple de M. Marcou nous attachons un prix inestimable aux bienfaits de l'unité, à cette conquête dont nous recueillons les fruits, et que l'ancienne monarchie avait préparée par suite d'efforts aussi habilement dirigés que persévérants.

Mais est-elle donc en péril ? Qu'est-ce que l'unité nationale, sinon l'union de tous les citoyens dans un sentiment commun de dévouement à une même patrie? Dieu envoie de loin en loin aux peuples des épreuves, dans lesquelles ils peuvent apprécier la force du lien qui unit tous les membres de la nation. Nous avons été soumis, il y aura bientôt douze ans, à l'une de ces épreuves redoutables. Vingt années de liberté d'enseignement avaient-elles affaibli le lien social? Ceux des combattants que les écoles de l'État avaient eus pour élèves se sont bravement conduits; mais les élèves des institutions libres se sont-ils comportés moins intrépidement? Ont-ils montré moins de patience à supporter la fatigue, moins de soumission au commandement de leurs chefs, moins de bravoure dans le combat? Ayant affermi, comme les Machabées, leurs espérances, ont-ils prodigué leur sang pour la patrie avec moins d'héroïsme que leurs concitoyens? Nous soutenons que l'expérience de 1870 a été décisive, et qu'elle a montré d'une manière éclatante que le patriotisme n'avait rien

à redouter de l'éducation donnée à la jeunesse française dan[s]
les institutions libres, fussent-elles établies et dirigées par de[s]
communautés religieuses.

Prétend-on davantage ? Veut-on préparer à tout prix un état d[e]
choses dans lequel tous les enfants de la France auraient le[s]
mêmes opinions en philosophie, en religion, en politique ? O[n]
s'abandonne à des illusions qui seront démenties par la réalité[;]
on tente l'imposible, et dans cette lutte contre la nature, où l'o[n]
a pour adversaire le plus noble et le plus indestructible sentiment du cœur humain, on se condamne soi-même, d'abord à
d'odieuses violences, et un peu plus tard à un échec déshono-
rant. L'entreprise d'établir l'unité par la contrainte n'a jamais
réussi à un gouvernement, et elle en a compromis et perdu plusieurs. Ce sont là de bien graves paroles, nous dira-t-on, à propos
d'une aussi simple question que celle du certificat d'études :
nous en tomberons d'accord. Mais de chaque chose il faut
considérer la fin. Une piqûre empoisonnée suffit pour donner
la mort.

Nous appelons l'attention de nos lecteurs sur les observations
qui précèdent : elles leur signalent un grave péril, qui ne peut être
détourné que par la vigilance et les efforts unanimes des pères de
famille qui ont le sentiment de leurs devoirs envers leurs enfants,
envers le pays et envers la religion.

Charles JOURDAIN.

PARIS. — IMPRIMERIE F. LEVÉ, RUE CASSETTE, 17.